LA LOI DES RETRAITES OUVRIÈRES
ET PAYSANNES

La loi des retraites, bien que promulguée le 5 avril dernier, n'entrera en vigueur que lorsqu'auront paru les règlements d'administration publique, qui, en outre de certaines dispositions importantes dont la solution a été abandonnée au pouvoir exécutif, contiendront les mesures de détail nécessaires au fonctionnement du régime instauré par cette grande loi de prévoyance sociale. Il est possible néanmoins de donner, dès à présent, une idée générale suffisamment précise du système nouveau d'assurances contre la vieillesse.

Cette loi des retraites a été accueillie avec plus de mauvaise humeur que d'enthousiasme : c'est le sort commun des lois sociales. Jugées insuffisantes par ceux qui sont appelés à en bénéficier, elles sont considérées comme trop onéreuses par ceux qui doivent en supporter les charges.

Pour apprécier la nouvelle loi à sa juste valeur, il faut l'épreuve de la pratique et le recul du temps. Nous n'hésitons pas cependant à déclarer que ses cadres sont excellents. Lorsque les ressources du budget le permettront, le mécanisme adopté pourra, grâce à sa souplesse, recevoir, sans en être ébranlé, toutes les adjonctions dont l'avenir fera apparaître l'utilité.

L'œuvre est essentiellement complexe; il est nécessaire de l'analyser avec méthode et d'user de distinctions bien nettes si l'on veut pénétrer le sens et l'économie de textes dont la rédaction laisse beaucoup à désirer.

Deux régimes sont créés qui s'appliquent distributivement à deux catégories de personnes. D'un côté figurent les salariés, c'est-à-dire ceux qui sont engagés dans un contrat de travail; pour eux l'assurance est obligatoire, comme en Allemagne. De l'autre sont rangés des travailleurs indépendants mais de condition peu aisée. Ceux-là sont libres de s'assurer ou non. S'ils optent pour le premier parti, ils bénéficient comme les assurés de la première catégorie d'un régime de subventions de l'Etat. C'est le système belge de la liberté subsidiée, mais accessible seulement à certaines catégories de personnes.

En outre, comme la loi maintient en l'élargissant le régime de l'assistance aux vieillards et aux infirmes créé par la loi du 14 juillet 1905, on voit qu'en définitive l'Etat français manifeste son intervention en faveur des travailleurs âgés ou invalides par les trois modes qui se partagent la faveur des économistes sociaux ainsi que celle des différents législateurs étrangers, qui ont voulu solutionner le problème de la vieillesse ouvrière.

Dans chacune des catégories d'assurés, il importe de séparer le régime permanent, qui n'entrera en vigueur que dans un certain nombre d'années, et le régime transitoire, immédiatement applicable à ceux qui en raison de leur âge n'auront pu faire qu'un petit nombre de versements. Quand nous aurons indiqué la situation de chacune des catégories d'assurés, dans chacune des périodes, nous ferons connaître les organismes qui seront ou pourront être appelés à mettre en œuvre les nouveaux services d'assurance contre la vieillesse (1).

Mais il convient de mettre en relief un point capital, parce qu'il commande l'ensemble de la loi : c'est la fixation à 65 ans de l'âge de la retraite. Ce n'est pas sans de très vives résistances que l'on s'est arrêté à cet âge un peu trop reculé. La Chambre avait fixé à

---

(1) Nous nous abstiendrons de faire des prévisions au sujet des dépenses qu'entraînera pour l'Etat l'application de la loi, nous souvenant des mécomptes financiers des lois d'assistance aux malades et aux vieillards. Il faut de même être très réservé quand on veut déterminer le montant des rentes qui seront payées aux assurés. Leur taux dépendra tout à la fois des tables de mortalité qui seront adoptées et du taux d'intérêt des capitaux placés.

60 ans l'époque de la liquidation de la rente viagère, et même à 55 ans pour certaines industries particulièrement dangereuses ou insalubres. Il est à prévoir que lorsque les disponibilités budgétaires le permettront la loi sera remaniée sur ce point. Ce sera la première réforme à réaliser.

On accepte toutefois, à titre transactionnel, que les asurés pourront, à partir de 55 ans, réclamer la liquidation anticipée de leur retraite. On refera les calculs et il y aura lieu à une liquidation nouvelle reportée à l'âge choisi par le bénéficiaire ; mais, ainsi diminuée, la pension sera vraiment insuffisante.

I. — Assurance obligatoire

Le régime de l'assurance obligatoire va devenir le droit commun pour l'ensemble des salariés des deux sexes du commerce, de l'industrie et de l'agriculture, pour les domestiques attachés à la personne, pour les employés des professions libérales, ainsi que pour les agents de l'Etat, des départements et des communes ne jouissant pas d'un régime plus avantageux de retraites.

On a maintenu les régimes plus favorables établis par des lois antérieures au profit de certains travailleurs, savoir : les ouvriers des mines (loi du 29 juin 1894), les marins du commerce (loi du 14 juillet 1908) et les agents des grands réseaux de chemins de fer (loi du 21 juillet 1909).

Enfin restent en dehors de l'assurance obligatoire les travailleurs dont la rémunération annuelle dépasse 3.000 francs.

Tous les autres salariés vont être tenus, dès l'entrée en vigueur de la loi, de faire des versements, et leurs patrons feront pour leur compte des versements égaux. Les retraites des assurés seront constituées en fonction des versements effectués; mais en ce qui concerne les sacrifices que s'imposera l'Etat pour l'établissement de ces retraites, il importe de séparer la période permanente et la période transitoire.

I. Régime permanent. — La retraite sera constituée par une triple contribution. Elle sera le résultat de l'effort personnel des intéressés, de la participation corrélative des employeurs et sera complétée à l'aide d'une majoration de l'Etat. Un des traits caractéristiques du système définitivement adopté, c'est que la triple contribution est uniforme et forfaitaire, tandis qu'elle était variable dans le projet voté par la Chambre en 1906.

1° *Versement du salarié.* — En dépit de l'opinion contraire des socialistes, il faut tenir fermement que la cotisation de l'ouvrier est légitime et nécessaire pour qu'il y ait vraiment retraite, sinon la loi se serait bornée à créer un nouveau service d'assistance venant se juxtaposer à celui de la loi du 14 juillet 1905. L'idée de prévoyance doit rester à la base de la loi nouvelle. Il faut, pour la dignité de l'ouvrier, qu'il puisse dire qu'il a été, par son épargne, en dépit de la contrainte légale, le principal artisan de sa pension de vieillesse.

Les primes annuelles seront de 9 francs pour les hommes, 6 francs pour les femmes et 4 fr 50 pour les mineurs au-dessous de 18 ans, soit par journée de travail : 3 centimes, 2 centimes et 1 centime et demi.

La Chambre avait accueilli un système plus rationnel; la contribution ouvrière était proportionnelle au montant du salaire et s'élevait à 2 %; mais comme il est malaisé de connaître le salaire journalier, qui est très variable, le Sénat, pour couper court à toute difficulté pratique, a préféré substituer au taux de pourcentage un tarif uniforme (1). On peut noter que la contribution du salarié était sensiblement plus forte avec le système de la Chambre; le salaire étant de 3 francs en moyenne pour les ouvriers adultes, c'était 6 centimes par jour au lieu de 3 qui devaient être versés à la caisse de retraites. En revanche, la Chambre dispensait de tout versement les salariés dont la rémunération journalière n'est que de 1 fr. 50; c'était là faire œuvre d'assistance pure. Le Sénat a bien fait de supprimer cette exemption, mais il aurait bien dû élever à 12 francs le montant de la contribution des adultes mâles, ce qui leur eût procuré une rente viagère plus élevée; on a craint de faire perdre leur clientèle aux mutualités et aux syndicats qui allouent à leurs adhérents des secours de maladie ou des secours de chômage.

---

(1) En Allemagne, les salariés sont répartis en cinq classes, selon le montant de leur salaire annuel. La moyenne de la prime est de 12 francs.

Des règlements d'administration publique détermineront la contribution à acquitter par les travailleurs à domicile et par les salariés intermittents. Le problème sera malaisé à résoudre surtout pour ces derniers.

L'obligation du versement est imposée aux salariés étrangers travaillant en France.

L'ouvrier peut faire des versements facultatifs; il peut aussi à tout moment, au lieu d'aliéner la prime, constituer sa retraite à capital réservé, auquel cas, à son décès, les sommes versées font retour à sa famille, mais la pension viagère est alors moins élevée.

2° *Contribution patronale.* — L'employeur participe à la constitution de la retraite de ses ouvriers, employés ou domestiques, par un versement égal à celui qui est imposé à ces derniers. Toute convention qui les déchargerait de cette obligation serait sans valeur.

Le patron est tenu de verser pour ses ouvriers étrangers. On évite ainsi de créer une prime à leur embauchage. Mais, à moins qu'un traité diplomatique ne garantisse à nos nationaux à l'étranger des avantages équivalents, les salariés étrangers ne profitent pas de ces versements patronaux, qui vont alimenter une caisse de réserve destinée à couvrir les frais de gestion des organismes d'assurance.

Sont également affectées à ce fonds de réserve, et pour un motif identique, les contributions patronales correspondant à l'emploi des salariés français dont la retraite est déjà liquidée.

Pour assurer l'application de la loi, les versements des salariés doivent, en règle générale, être prélevés, lors de chaque paye, par l'employeur, qui ajoute à ces sommes le montant de sa propre contribution; le tout est acquitté à l'aide de timbres-retraites apposés sur le livret de l'assuré. Ce système du précompte, qui a été fortement combattu au Sénat, est cependant indispensable au bon fonctionnement de la loi; il est complété par une sanction qui ne peut utilement frapper que l'employeur. Ce dernier, en cas d'omission des versements, est passible d'une amende égale au montant des sommes dues, sans préjudice de la condamnation au paiement des versements qu'il aurait dû effectuer. L'amende est portée au fonds de réserve.

Les versements, tant ouvriers que patronaux, formant une masse unique, sont capitalisés en vue de la constitution de la retraite.

Chaque prime donne lieu, au compte de chaque assuré, à une liquidation parcellaire établie eu égard au taux de capitalisation, et aux tables de mortalité, et en tenant compte de l'âge de l'assuré au moment où le patron verse pour son compte.

Ce système de capitalisation constitué sur des bases mathématiques, dont la précision est aussi grande que le comporte l'exactitude des tables de mortalité, a été vivement critiqué de différents côtés. Il est certain que le procédé de la répartition eût permis de supprimer le régime transitoire et de donner immédiatement des retraites, conformément à un taux uniforme fixé d'avance, à tous ceux qui, dès l'entrée en vigueur de la loi, seraient parvenus à l'âge de 65 ans ; mais il serait injuste d'accorder à un travailleur qui n'a rien versé une rente égale à celle que touchera dans cinquante ans un ouvrier qui aura versé pendant un demi-siècle.

Le procédé de la répartition est des plus simples; il consiste à distribuer, en quelque sorte au jour le jour, aux bénéficiaires, les sommes recueillies des mains des assujettis.

Rien de plus avantageux, au premier abord. On supprime les frais de gestion, on n'a à s'occuper ni du calcul de la retraite, ni du placement des fonds ; mais ce système, si séduisant en apparence, présente, entre autres inconvénients, celui de ne procurer aucune sécurité aux ayants droit; car si on suppose qu'une grande crise économique ou sociale vienne à se produire, les caisses de retraites n'étant plus alimentées par des versements, la répartition ne pourrait plus s'effectuer au profit des assurés.

Le principal grief formulé contre la capitalisation, c'est d'entraîner l'accumulation dans les caisses d'assurances de l'énorme capital constitutif des rentes de vieillesse (1). La loi prend soin de déterminer l'emploi que devront recevoir les capitaux. Les caisses de retraites jouissent d'une certaine latitude dans l'emploi de leurs fonds. Il est regrettable cependant que l'on fasse une part insuffisante aux œuvres d'utilité sociale intéressant l'hygiène ou la prévoyance et aux placements qui favoriseraient la prospérité écono-

---

(1) On suppute que dans 80 ans ce capital atteindra 12 milliards. Un tel afflux de valeurs dans les caisses de retraites faussera artificiellement les cours et provoquera la baisse du taux des placements, et, par contre coup, celle du tarif des pensions de vieillesse.

mique du pays. Les caisses d'invalidité et de retraites allemandes sont autorisées à faire des emplois plus variés et plus utiles de leur fortune. Elles peuvent construire des sanatoria, des hôpitaux, des maisons ouvrières, ce qui a le double avantage d'améliorer l'hygiène publique et d'alléger les charges de l'assurance-invalidité.

3°*Majoration de l'Etat.* — La loi accorde à tout assuré français qui a fait trente années de versements, à n'importe quelle époque de sa vie, une allocation forfaitaire et annuelle de 60 francs, qui s'ajoute à la retraite lorsque celle-ci est liquidée. Pour acquitter sa dette, l'Etat versera à la Caisse nationale des retraites le capital constitutif de cette allocation viagère. Au taux actuel de 3,50 %. qui pourrait bien n'être pas maintenu, ce système de couverture exige le versement à capital aliéné de 545 francs pour chacun des assujettis parvenus à 65 ans. Au taux de 3 %, le capital nécessaire serait de 558 francs.

On a prévu que l'assuré pourrait n'avoir pas fait trente ans de versements, ce qui se produira s'il est entré tard dans le salariat ou s'il a passé à l'étranger une partie de son existence. Dans ce cas, et en supposant qu'il ait fait plus de quinze ans de versements, on multipliera par 1,50 et non par 2 le nombre d'années de versements.

La contribution de l'Etat était très différente dans le projet voté par la Chambre. L'Etat s'engageait à parfaire les rentes de façon à procurer à tous les bénéficiaires la pension strictement alimentaire de 360 francs. Le Sénat a pensé que ce mode de contribution présentait une trop grande part d'inconnu et qu'il serait trop onéreux pour les finances publiques.

Force nous est de constater que trente années de versements obligatoires à 18 fr. ne donneront pas, en dépit de la majoration, les 360 francs qui devraient être le taux normal et courant des retraites ouvrières (1). Pour atteindre approximativement ce

---

(1) D'après le tarif actuel de la Caisse Nationale des retraites (Décret du 17 décembre 1909), le travailleur qui, âgé de 35 ans au moment de l'entrée en vigueur de la loi, aura versé 18 francs pendant les 30 ans prescrits, aura une retraite de 157 francs, plus la majoration de 60 francs, soit en tout 217 francs. Celui qui aura commencé ses versements à 25 ans, obtiendra 335 francs de rente, majoration comprise.

Ce ne sont pas là les chiffres fournis à la Chambre, le 30 mars dernier,

chiffre, il faudrait en portant le double versement patronal et ouvrier à 24 francs (soit 1 franc par mois à la charge de l'assuré), 37 années de versements dès l'âge de 28 ans.

Si l'âge de la retraite était ramené à 60 ans, et cette solution doit être envisagée comme prochaine, la retraite proprement dite étant alors plus faible, l'État se verrait contraint, pour compenser l'insuffisance de la rente, d'élever le chiffre de sa contribution, et du même coup, avec le système de la couverture, le capital constitutif de la majoration serait plus considérable.

Accidents en cours d'acquisition de la retraite. — Deux événements fâcheux peuvent se produire Le salarié peut décéder ou être frappé d'invalidité permanente et absolue.

Dans le premier cas, la loi accorde à sa femme et à ses enfants mineurs de 16 ans des allocations qui sont d'ailleurs très faibles : à la veuve 150 francs et aux orphelins, suivant leur nombre, de 200 à 300 francs. Cela représente approximativement les trente années de versements nécessaires pour obtenir la pension normale (1). C'est une amorce de l'assurance-décès.

Dans le second cas, et en supposant que l'infirmité ne résulte pas d'un accident professionnel, qui donnerait à l'invalide droit à une rente viagère égale aux deux tiers de son salaire (loi du 9 avril 1898), l'assuré peut réclamer, quel que soit son âge, la liquidation anticipée de sa retraite. Cette pension sera bien modique si les versements ont été peu nombreux; mais pour ce cas la loi, reproduisant presque entièrement l'article 11 de la loi du 20 juillet 1886, bonifie la retraite à l'aide de crédits spéciaux. Cette bonifica-

par le Ministre du Travail, qui s'est placé dans l'hypothèse où le taux de capitalisation serait ramené à 3 % ; les retraites seraient dès lors moins élevées.

Naturellement, le tarif qui doit servir de base aux pensions est celui en vigueur au moment de chaque versement.

Il ne faut pas perdre de vue que les tarifs de retraites dépendent de deux éléments très variables, savoir : le taux de capitalisation des rentes qui, commandé par le taux d'intérêt des placements, a tendance à s'abaisser et le taux de mortalité qui, lorsque les statistiques permettront de déterminer les chances de survie dans chaque profession, conduira au relèvement de la plupart des pensions ouvrières surtout dans les industries dangereuses ou insalubres.

(1) L'Allemagne s'apprête à organiser l'assurance des veuves et des orphelins, qui constituera une sorte de branche de l'assurance contre l'invalidité et la vieillesse, mais il y aura là un supplément de dépenses qui nécessitera l'augmentation des primes.

tion ne pourra dépasser 60 francs de rente, ni la retraite devenir supérieure au triple de la liquidation, ni excéder 360 francs, bonification comprise. L'invalide est d'ailleurs en droit de bénéficier de la loi du 14 juillet 1905 s'il est dépourvu de ressources. La rente d'invalidité, bonification non comprise, n'est déduite que pour moitié du calcul de l'allocation d'assistance.

Bien différente de la loi allemande, notre loi n'organise que très imparfaitement la retraite d'invalidité. On a pensé qu'il valait mieux laisser aux Sociétés de secours mutuels le soin d'organiser, avec l'aide de l'Etat et par la voie de la réassurance des maladies prolongées, un service qui ouvre la porte à bien des fraudes.

Acquisition de la retraite. — L'assuré, lorsque sa retraite s'élève à 180 francs, est autorisé à affecter à toute époque le capital du surplus, soit à une assurance en cas de décès, soit à l'acquisition d'une maison ou d'une terre, qui pourront être constituées en biens de famille insaisissables, conformément à la loi du 12 juillet 1909. Il est probable que peu d'assurés useront de cette faculté.

Si l'assujetti atteint l'âge de 65 ans, sa retraite est liquidée et il touche sa pension qui est incessible et insaisissable, comme le sont les allocations d'assistance et les rentes d'accidents.

Si l'assuré parvient à 70 ans il pourra cumuler partiellement sa retraite avec la pension d'assistance qu'il aura obtenue conformément à la loi de 1905. Le montant de la retraite acquise par les versements ouvriers et patronaux n'est déduit que pour moitié comme provenant de l'épargne, ce qui est d'une correction parfaite, tout au moins pour les versements propres de l'assuré. Quant à la majoration de l'Etat elle est défalquée pour sa totalité.

Ainsi la loi d'assistance vient fort à propos fournir un complément précieux à la loi des retraites.

II. Période transitoire. — Il serait injuste de ne pas donner le bénéfice de la majoration à ceux qui, en raison de leur âge, au moment de l'entrée en vigueur de la loi, n'ont pu faire les trente années de versements prescrits. On les rendrait responsables de l'imprévoyance du législateur, qui n'a pas su organiser plus tôt un régime de retraites pour les travailleurs. Ceux-là vont faire quelques versements jusqu'à 65 ans, mais ils n'obtiendront qu'une retraite modique. Or, ce serait perdre de vue le caractère social de la loi que de s'en tenir à la règle rigide de l'assurance, qui vou-

drait qu'on n'alloue de rentes viagères qu'en fonction des primes
acquittées. Il convient, pour compenser l'insuffisance de la pension, que l'Etat s'impose des sacrifices plus élevés qu'en période
permanente. La solution qui a prévalu est fort ingénieuse : Les
travailleurs âgés de plus de 45 ans, non seulement auront le bénéfice de la majoration constante de 60 francs, mais cette majoration
elle-même sera majorée, et le chiffre de la sur-majoration sera
d'autant plus élevé que le salarié sera plus âgé et n'aura pu par
conséquent verser qu'un petit nombre de primes. A 64 ans l'allocation est de 100 francs, qui s'ajoutent à la retraite de 2 francs
environ, constituée par un versement unique de 18 francs. La
majoration diminue de 2 francs par an à mesure que l'âge de l'assuré s'abaisse. Elle est donc de 98 francs pour l'ouvrier qui a 63
ans au moment de l'entrée en vigueur de la loi. Si l'ouvrier, à ce
moment, a 45 ans, il aura, au taux de capitalisation de 3 %, une
retraite de 70 fr. 42, constituée par vingt années de versements,
plus 62 francs provenant de l'Etat. Au-dessous de cet âge la sur-
majoration disparaît ; il ne reste plus que la majoration constante
de 60 francs. Les assurés ayant plus de 35 ans ne pouvant faire
les trente années de versements prescrits bénéficient cependant de
la période transitoire et ont droit à la majoration.

Cette solution a été substituée à une autre plus simple qui avait
été préconisée tout d'abord et qui consistait à étendre les cadres de
la loi d'assistance. Les vieux travailleurs parvenus à l'âge de 65 ans,
et à la condition de justifier de trente ans de travail régulier,
auraient bénéficié en son entier de la loi du 14 juillet 1905, ce qui
eût entraîné une lourde charge pour les communes et les départements.

Précisément ce système de rétrogradation a été admis dans certaines conditions particulières au profit des vieillards de 65 à 69
ans. Ceux-là ne pourraient strictement bénéficier ni de la loi
d'assistance, puisqu'ils n'ont pas 70 ans, ni de la loi des retraites,
puisqu'ils ont dépassé 65 ans. On les fait bénéficier partiellement
de la loi d'assistance, mais les sommes qui leur seront allouées
seront limitées à la moitié des allocations d'assistance de leur commune, avec maximum de 100 francs. Cette dépense sera à la charge
exclusive de l'Etat. Ce ne sont donc pas les conseils municipaux
qui statueront sur les demandes, mais des commissions d'Etat,
dont un règlement d'administration publique fixera la composition
et les attributions.

Au bout de cinq années, ce régime transitoire de rétrogradation de la loi de 1905 prendra fin, puisque les intéressés auront tous atteint l'âge de 70 ans; ils pourront alors bénéficier de la loi d'assistance en son entier, et passeront à la charge des trois collectivités : Etat, département, commune, débitrices de l'assistance aux vieillards.

Ajoutons enfin que les assurés de la période transitoire auront comme ceux de la période permanente le droit de demander, à partir de 55 ans, la liquidation anticipée de leur retraite, si pendant les cinq années qui ont précédé cette liquidation ils ont fait des versements réguliers. En cas d'invalidité, ils pourront bénéficier des bonifications prévues pour cette hypothèse, et s'ils meurent avant l'âge de 65 ans, leur femme et leurs enfants auront droit aux allocations ordinaires.

II. — Assurance facultative

Le régime facultatif s'applique à un ensemble de travailleurs non salariés, mais de condition très modeste. Ce sont d'abord les petits patrons du commerce, de l'industrie et de l'agriculture, et on entend par petits patrons ceux qui n'emploient les services d'aucune ou d'une seule personne étrangère à leur famille. A ces artisans, boutiquiers ou cultivateurs viennent s'ajouter les fermiers et les métayers. La situation de ces derniers a fait l'objet au Parlement de très vives discussions. Beaucoup voulaient assimiler les métayers aux salariés. Economiquement, disait-on, le métayer ne diffère pas de l'ouvrier; le plus souvent il n'a pas de capitaux et n'apporte que ses bras et quelques instruments de peu de valeur. Il travaille lui-même comme un ouvrier et n'en diffère que parce qu'il participe aux bénéfices comme aussi aux pertes. Cette thèse anti-juridique, car le métayer est vraiment un associé du patron, n'a pas prévalu, mais on a fait au métayer une place à part. Prenant en considération la solidarité d'intérêts qui le lie au propriétaire, on a déclaré que s'il s'assure, le patron est tenu, sauf convention contraire, de faire des versements égaux.

La catégorie des associés facultatifs comprend enfin les femmes des assurés obligatoires ou facultatifs et les salariés qui touchent une rémunération annuelle de 3.000 à 5.000 francs.

1° Période permanente. — En régime facultatif, ce qui est particulier c'est le mode de contribution de l'Etat à la constitution des retraites. L'assuré n'ayant pas de patron peut faire seul le double versement, et l'Etat majore d'un tiers (1) la double prime de 18 francs ou la simple prime de 9 francs; on majore donc non pas la retraite mais les versements. La différence dans le procédé de subvention s'explique très bien, puisque les assurés facultatifs ne sont pas tenus de faire des versements réguliers; l'Etat n'intervient donc que lorsque ces assurés font un acte de prévoyance.

Mais comme il ne serait pas juste que les sacrifices consentis par l'Etat au profit des personnes de cette catégorie excédassent ceux qu'il s'impose pour les assurés obligatoires, le droit à la majoration cesse lorsque la rente viagère résultant des allocations de l'Etat a atteint le chiffre de 60 francs.

La même limitation s'impose lorsque le salarié devient un travailleur indépendant et continue ses versements, ou à l'inverse lorsque le travailleur assuré facultatif tombe dans le salariat.

Il convient d'observer que les 6 francs au maximum acquittés par l'Etat à mesure des versements de l'assuré et qui se capitalisent avec eux, produisent une rente sensiblement égale à la majoration qui s'ajoute à la retraite des assurés obligatoires, à la condition bien entendu que l'assuré facultatif ait fait des versements réguliers pendant la majeure partie de son existence. Les deux catégories d'assurés sont donc traitées de la même façon et bénéficient des mêmes avantages. L'analogie du traitement se manifeste encore en ce que l'assuré facultatif, s'il fait des versements réguliers, peut obtenir, comme l'autre, à partir de 55 ans, la liquidation anticipée de sa pension de retraite; qu'au cas d'invalidité il bénéficie des mêmes bonifications, et qu'enfin s'il décède, sa femme et ses enfants mineurs reçoivent les mêmes allocations. Ces derniers avantages sont aussi accordés aux assurés facultatifs dans le régime transitoire, dont il a va être question.

2° Période transitoire. — Aucun régime particulier n'est établi au profit des femmes des assurés et des travailleurs touchant une rémunération annuelle de 3.000 à 5.000 francs.

---

(1) En Belgique, les versements individuels jusqu'à 15 francs donnent droit à une subvention de l'Etat de 60 % au profit de toute personne ne payant pas plus de 50 à 80 francs d'impôts, selon l'importance de la commune. La majoration cesse lorsque l'ensemble des rentes portées sur le livret ouvert à la Caisse générale de retraites procure au titulaire, à l'âge de 65 ans, une pension de 360 francs.

Quant aux petits patrons, fermiers et métayers, des faveurs appréciables leur sont octroyées, mais à une double condition : 1° qu'ils soient âgés de plus de 40 ans; 2° qu'ils aient fait des versements réguliers depuis l'entrée en vigueur de la loi.

Le régime transitoire n'est pas identique pour les assurés facultatifs qui remplissent ces conditions. Deux catégories doivent être distinguées :

L'une comprend tous les métayers, les fermiers payant un fermage inférieur à 600 francs et les petits patrons besogneux, ou, selon les expressions du texte, « qui seraient à 65 ans dans les conditions requises pour bénéficier des allocations de la loi d'assistance ». Ceux-là, s'ils ont versé annuellement 18 francs, sont assimilés aux assurés obligatoires du même âge et bénéficient des mêmes majorations et sur-majorations. Ils sont même mieux traités, car à chacun de leurs versements l'Etat ajoute le tiers. Ainsi un métayer de 64 ans, moyennant le double versement, touchera une rente annuelle et viagère de 100 francs, plus la petite rente produite par sa prime unique.

L'autre catégorie comprend les fermiers payant plus de 600 francs de fermage et les patrons ayant une petite aisance. Ceux-ci sont moins bien traités que les précédents. « Il sera ajouté, dit le texte, à la pension acquise résultant de leurs versements effectifs et de la majoration du tiers une bonification égale à la rente qu'eût produite un versement annuel de 9 francs, depuis l'âge de 40 ans jusqu'à l'âge qu'ils avaient au moment de l'entrée en vigueur de la loi ». Soit un petit patron âgé de 64 ans : on feint que l'Etat a versé pour son compte 9 francs pendant vingt-quatre ans, et on lui donne le produit capitalisé de ces 9 francs; en tout il touchera 40 francs de rente, d'après les barêmes actuels de la Caisse nationale des retraites. De sorte que les assurés facultatifs de cette catégorie reçoivent près de la moitié de ce qui est compté aux assurés de la première. Tous ont droit à la rétrogradation de la loi d'assistance (1).

---

(1) Pour éviter que des étrangers se fassent naturaliser dans l'unique but de participer aux subsides de l'Etat, on leur refuse tout droit à la majoration de leur retraite ou de leurs versements, ainsi qu'aux allocations d'assistance s'ils n'ont acquis la qualité de Français qu'après l'âge de 50 ans.

III. — **Organismes des retraites**

La question s'est naturellement posée de savoir si le service des retraites serait centralisé entre les mains d'un seul organisme, qui serait une Caisse d'Etat déjà existante ou à créer, ou s'il valait mieux laisser aux assurés le soin de s'affilier à leur gré à d'autres Caisses privées, autorisées à cet effet et fonctionnant sous le contrôle des agents du Ministre des Finances. La thèse libérale l'a emporté sans trop de peine, néanmoins une notable partie du service des pensions a été centralisée à la Caisse des dépôts et consignations. Cet établissement public est chargé de l'ensemble de la gestion financière ; il recevra les sommes recueillies par les divers organismes de retraites, effectuera les placements de fonds, exécutera les ordres de ventes et d'achats qui lui seront transmis. Il tiendra comme un banquier les comptes des différentes Caisses et mettra à leur disposition les sommes nécessaires à l'acquittement des arrérages des rentes viagères. Cette centralisation de tout le mécanisme financier à la Caisse des dépôts et consignations est de nature à inspirer aux assurés le sentiment de la sécurité la plus complète. Mais cette Caisse n'aura aucune relation avec les assurés eux-mêmes; les comptes individuels seront ouverts soit à la Caisse nationale des retraites pour la vieillesse, soit à des Caisses régionales ou départementales que le Gouvernement se propose de créer, soit à des Sociétés ou Unions de Sociétés de secours mutuels, soit à des Syndicats ouvriers, soit enfin à des Caisses patronales ou syndicales ou à des Syndicats patronaux de garantie solidaire.

La Caisse nationale des retraites pour la vieillesse sera l'organisme par excellence des pensions ouvrières et paysannes. Au début, tout au moins, sa clientèle sera de beaucoup la plus nombreuse. La gestion du service sera assurée par un personnel expérimenté pourvu des connaissances techniques indispensables à une telle entreprise. Cette Caisse d'Etat aura une organisation et une comptabilité spéciales pour les opérations régies par la loi nouvelle; c'est ainsi que les bénéficiaires ne sauraient profiter des majorations établies par la loi du 31 décembre 1895, qui feraient double emploi avec les allocations de la loi des retraites. Les règles particulières de la loi du 20 juin 1886 ne s'appliqueront pas davantage et par exemple les versements faits par un assuré marié ne profiteront pas pour moitié à son conjoint.

Un règlement d'administration publique déterminera les conditions de constitution et de fonctionnement des autres organismes de retraite ; en outre un décret spécial sera nécessaire pour qu'ils puissent se livrer à des opérations de gestion.

Dans un but de décentralisation, la loi prévoit la création d'un organisme tout nouveau emprunté à l'Allemagne : ce sont des Caisses régionales ou départementales autonomes, qui seront administrées par des comités de direction composés de représentants du Gouvernement, de délégués des employeurs et de délégués des employés. On espère que grâce à ces administrations provinciales la loi sera mieux appliquée, puisque la surveillance s'exercera sur place. On pense que l'emploi des fonds sera plus varié, les choix pouvant se porter sur des valeurs locales, ce qui atténuera les inconvénients du régime de capitalisation. Mais il est à craindre que les frais de gestion ne soient, dans leur ensemble, bien plus élevés avec ce système de multiplicité des Caisses qu'avec le système d'une Caisse unique. En outre, il peut arriver que les risques soient différents suivant les régions. La cotisation sera uniforme, mais les chances de survie varieront beaucoup selon que la région sera industrielle ou agricole, en sorte qu'à tarifs de retraite égaux, quelques Caisses seront prospères tandis que d'autres ne pourront faire face à leurs engagements. C'est en raison de cette inégalité des risques que la tendance se fait jour de plus en plus en Allemagne de substituer aux Caisses provinciales une Caisse unique et centrale.

La loi admet les Sociétés de secours mutuels à participer au service des pensions ouvrières et paysannes de deux manières bien différentes, soit en se faisant simplement collectrices des cotisations, soit en se chargeant elles-mêmes de toutes les opérations de l'assurance.

Elles obtiendront aisément la faculté de servir d'intermédiaires entre leurs affiliés et les organismes d'assurance. Un agrément ministériel suffira à les habiliter. On fait fléchir ici la règle du précompte, c'est-à-dire que les mutualités pourront encaisser à domicile les cotisations ouvrières et même celles du patron si celui-ci y consent.

Le rôle des Sociétés pourra être plus actif. Elles pourront obtenir par décret le droit de faire le service de la retraite. Le Gou-

vernement aura à vérifier si elles sont en mesure de conférer à
leurs assurés les avantages prévus par la loi. Bien peu nombreu-
ses seront les Sociétés capables de donner à leurs membres des
retraites garanties égales à celles que produiraient les mêmes versements s'ils étaient faits à la Caisse nationale des retraites. On
sait qu'un régime d'assurances ne peut offrir de sécurité que lorsqu'il obéit à la loi des grands nombres. L'expérience a démontré
que les Sociétés d'assurances-vie ne peuvent fonder leurs prévisions sur le taux de survie résultant des tables de mortalité que si
elles groupent au moins 2.000 adhérents. En effet l'écart entre le
chiffre probable et le chiffre réel des décès tend à s'effacer à
mesure que l'effectif augmente. Ainsi donc les grandes Sociétés
mutualistes ou les Unions de Sociétés pourront seules garantir les
retraites. Mais il leur sera difficile de recruter un personnel capa-
ble de tenir les comptes individuels, de liquider la pension acquise
à chaque versement, de placer les fonds avec sécurité mais à un
taux rémunérateur et de maintenir enfin une correspondance exacte
entre les réserves mathématiques et les charges réelles de la
Société. La baisse probable du taux d'intérêt des placements vien-
dra souvent bouleverser les calculs.

La loi n'accorde que de minces avantages aux mutualités qui
s'occuperont de retraites ouvrières. Si elles se bornent à faire la
collecte, il leur sera alloué 5 % du montant des recouvrements;
si elles font le service complet de l'assurance, elles recevront en
outre annuellement 1 franc par tête d'adhérent. Ces subventions
profitent d'ailleurs à tous les établissements publics ou privés
faisant l'assurance ouvrière. La seule faveur dont bénéficient les
Sociétés de secours mutuels est la suivante : Si la Société fait en
même temps le service de la maladie et celui de la vieillesse, elle
recevra de l'Etat une allocation annuelle de 1 fr. 50 par membre
qui sera affectée à un dégrèvement de pareille somme sur la cotisation-maladie de l'assuré. La Chambre avait admis un système
bien plus avantageux, puisque la cotisation-maladie était dégrevée
de moitié.

Il va sans dire que pour ce service distinct de retraites il ne
saurait être question ni de fonds commun inaliénable, ni des subventions ordinaires accordées par les lois du 1er avril 1898 et du
31 décembre 1895, ni enfin de la bonification d'intérêts à 4.50 %
prévue par la loi du 31 mars 1903. On ne saurait, en effet, admet-
tre le cumul des avantages des deux régimes de retraites, ce serait

une trop lourde charge pour les finances publiques; mais l'option entre ces régimes se justifierait par cette considération que l'obligation n'a de raison d'être que pour les imprévoyants. Cette option pourra être admise au gré des Pouvoirs publics mais on exigera vraisemblablement que l'équivalence soit complète, c'est-à-dire que l'assujetti jouisse, sous le régime de la loi de 1898, d'une retraite garantie au moins égale à celle que lui procurerait la loi nouvelle.

Beaucoup de bons esprits redoutent que le régime nouveau de retraites nuise au développement des Sociétés de secours mutuels en rendant plus difficile le recrutement des adhérents, qui, obligés désormais de s'assurer contre la vieillesse, n'auront pas de ressources suffisantes pour acquitter également la cotisation maladie. S'il devait en être ainsi la loi aurait de fâcheux effets, mais ces appréhensions ne nous paraissent pas fondées; le versement que l'on réclame de l'ouvrier pour sa retraite est assez faible pour que les Sociétés de secours mutuels conservent leur clientèle (1). En revanche, nous pensons que la loi aura pour résultat de faire converger les efforts des mutualistes vers la solution du **problème de la maladie** sous tous ses aspects, y compris la prévention par une bonne hygiène de l'individu, de l'habitation et de la cité. Débarrassées du souci des retraites, ces Sociétés aiguilleront leur activité vers l'invalidité, que la loi nouvelle n'a fait qu'ébaucher et leur abandonne.

Les Syndicats ouvriers (et sans doute aussi les Fédérations ouvrières) qui auraient constitué dans leur sein des Caisses de retraites en se conformant à la loi du 1er avril 1898 sont assimilés aux Sociétés de secours mutuels. Ils sont soumis aux mêmes conditions et bénéficient des mêmes avantages. Ils peuvent servir d'intermédiaires pour la collecte des cotisations — les Caisses d'épargne ordinaires ou postale peuvent remplir aussi cet office — ou bien se charger eux-mêmes du service de l'assurance, mais il fau-

---

(1) En Allemagne, où l'assurance-maladie est obligatoire comme l'assurance-invalidité et vieillesse, les ouvriers payent en moyenne une prime de 12 francs pour chacune d'elles, soit en tout 24 francs. Le projet de loi soumis au Reichstag élève sensiblement le taux de la prime d'invalidité pour faire face aux dépenses nouvelles qu'entraînera l'assurance des veuves et des orphelins, mais en revanche le patron supportera désormais la moitié au lieu du tiers de l'assurance contre la maladie. (Voir le *Temps* du 19 avril).

dra qu'ils aient un effectif nombreux et stable, et seules les grandes Fédérations pourvues d'une organisation solide, comme la Fédération des travailleurs du Livre, pourront assumer cette lourde tâche.

Les groupements professionnels paraissent mieux qualifiés pour parer à une autre infortune du travail, plus redoutable encore que la maladie ou la vieillesse, nous voulons parler du chômage involontaire.

Les chefs d'industrie peuvent aussi, toujours sous réserve d'une autorisation par décret, instituer des Caisses de retraites ou maintenir celles déjà existantes dans les conditions de la loi du 27 décembre 1895, dont l'article 3 a seul été abrogé. Si l'exploitation est prospère et à effectif important ces Caisses patronales offrent toute sécurité aux ouvriers. Les employeurs d'une solvabilité moins assurée peuvent se réunir et constituer, comme ils le font en matière d'accidents, des Syndicats de garantie liant leurs membres de telle sorte que chacun réponde solidairement sur tous ses biens des charges incombant au Syndicat; le ministre du Travail a même imaginé des Caisses syndicales qui seraient constituées sous la forme de Sociétés anonymes, par conséquent à responsabilité limitée.

Pour faciliter les opérations de ces organisations patronales, qui méritent en effet d'être encouragées, on élargit la faculté d'emploi de leurs fonds, qui peuvent recevoir des affectations variées, telles que prêts par hypothèques sur des immeubles appartenant aux entreprises intéressées. La liberté des placements est plus grande encore pour les Syndicats de garantie solidaire, qui peuvent, avec une partie de leurs capitaux, acheter des immeubles, faire des prêts à des exploitations industrielles et même commanditer des entreprises.

Il arrive souvent que le patron assure son personnel sans sa participation; dans ce cas le décret qui autorise la fondation des Caisses patronales pourra dispenser l'ouvrier de ses versements obligatoires à la condition que les pensions soient au moins égales à celles qui seraient obtenues dans les mêmes périodes en vertu de la loi nouvelle. Enfin lorsque les contributions de l'employeur dépassent le taux légal, les Caisses patronales ne sont tenues de capitaliser que la partie de la contribution correspondant à la double cotisation obligatoire; le surplus pouvant servir à d'autres fins utiles déterminées par les statuts.

Malgré tout il est probable que les patrons, pour échapper au souci de la gestion d'une Caisse autonome, préféreront se servir de la Caisse nationale des retraites, à laquelle ils affilieront leur personnel, et ainsi on peut affirmer que la Caisse d'Etat sera l'organisme le plus important des retraites ouvrières.